JN438320

저녁노을

저녁노을

송인관 제2시집

● 시인의 말

요즘 세상은 너무나도 급속도로 변화하고 있습니다. 그동안 내 주위에 있던 사람들도 많이 내 곁을 떠났습니다. 이 험난한 인생길에서 시인의 길을 걷다 보니 꿈속같이 달콤한 일도 많았지만 고독하고 외롭고 험난한 길이 항상 나의 길을 가로막고 있었습니다.

시를 쓰는 일은 자기 마음을 표현하는 것이라고 합니다. 나는 시 한 편을 쓸 때마다 많은 사유의 세계를 헤맸고 수도 없이 좌절의 늪에서 벗어나지를 못하였습니다. 워즈워스는 최상의 언어를 최상의 배열로 늘어놓은 것이 가장 좋은 시라고 하였습니다.

나는 졸작 제1시집 『새벽에 다녀간 사람』에 이어 졸작 제2시집 『저녁노을』이라는 시집을 또 이번에 내게 되었습니다. 그런데 이 시집을 세상 밖으로 내보내야 할지 많은 고심을 하였고 또 망설였습니다. 그러나 이 길이 나에게 주어진 숙명적인 길이라는 생각이 들어 할 수 없이 이 졸작 시집을 세상 밖으로 내보냅니다. 부디 부끄럽지 않은 자식이 되기를 기원해봅니다.

2017년 9월

제1부

노을 같은 인생

● 시인의 말

갈대 _ 13
5월에 흘리는 눈물 _ 14
가을 _ 16
노을 같은 인생 _ 17
갈잎 _ 18
견우와 직녀 1 _ 19
견우와 직녀 2 _ 20
감나무 한 그루 _ 21
고독 _ 22
고목(古木)의 노래 _ 23
공이 되어버린 사람 _ 24
그대 내 곁을 떠나도 _ 26
나무토막 의자 _ 28
고양이 한 마리 _ 30
관악산 연주암 _ 31
대둔산 _ 32
남근 _ 34
대추나무 _ 35
대동제(大洞祭) _ 36
동이 튼다 _ 38

제2부

삽과 아버지

마을 안길 _ 41
과욕 _ 42
먼동 _ 44
한여름 밤 모기와 전쟁 _ 46
새 한 마리 _ 49
목련꽃 예찬 _ 50
발 _ 52
봄을 기다리며 _ 54
봄이 오는 소리 _ 56
붉은겨우살이 _ 58
삽과 아버지 _ 60
소망 _ 62
솟대를 바라보며 _ 63
쓰나미 _ 64
나목이 된 은행나무 _ 66
아름다운 사람 _ 68
약속한 세월 _ 69
어린 시절 _ 70
어머니 _ 72
아내에게 바치는 글 _ 74

제3부

억새꽃

억새꽃 _ 77
오형오락(五刑五樂) _ 78
Y 의원 _ 80
열쇠 _ 82
의자 _ 83
장미꽃 한 송이 _ 84
철(鐵)의 여인 _ 86
탑교놀이 _ 88
태양아 솟아라 _ 90
허상 _ 92
헬스장 1 _ 94
헬스장 2 _ 95
4월이 오는 소리 _ 96
초승달 _ 98
저녁노을 _ 99
후회 _ 100
눈송이 _ 102
새벽달 _ 103
단비 _ 104
어느 예식장 _ 106
봄이 오네 _ 108

제4부

자연의 이치

양재천가 미루나무 _ 111
청소부 _ 112
민요를 들으며 _ 114
자연의 이치 _ 115
우리 집 할미 1 _ 116
우리 집 할미 2 _ 118
우리 집 할미 3 _ 119
우리 집 할미 4 _ 120
우리 집 할미 5 _ 122
우리 집 할미 6 _ 124
우리 집 할미 7 _ 126
우리 집 할미 8 _ 128
우리 집 할미 9 _ 130
우리 집 할미 10 _ 132
우리 집 할미 11 _ 134
우리 집 할미 12 _ 135
봄의 찬가 _ 136
허공 속에 나 _ 137
어버이날 _ 138
자동차 _ 140

제5부

들꽃

메르스 _ 143
장애인 _ 144
감자밭 _ 146
비누 _ 147
아들에게 _ 148
생활 공원 _ 149
들꽃 _ 150
산꼬리풀 _ 151
황매화 _ 152
벌개미취 _ 153
國 _ 154
宭 _ 155
일요일 _ 156
청남대 _ 158
기린초 _ 161
술패랭이 _ 162
홍단풍 _ 163
영산홍 _ 164
7이라는 숫자 _ 165
장미원 _ 166
미리내 다리 _ 167

● 해설 직설적 시의 미학과 부부 사랑의 아름다운 향기/
박영교 _ 168

제1부

노을 같은 인생

갈대

밤낮없이
양재천으로 흐르는 물

실한 갈대 키우려고
말없이 흐르고 있네

바람이 불 때마다
물이랑 치는 갈대

하얗게 이삭이 팬
하얀 머리 숙이고

가는 세월 아쉬워하며
속울음 삼키며

잔털을
날리고 있구나

5월에 흘리는 눈물

4월에
일어난 세월호 참사

목숨을 내놓고
꽃들을 찾아

바닷속을 헤매는
해경과 잠수부들

슬픈 꽃들의 귀환을
애타게 기다리는 가족들

2014년 오월은 온 국민의
피를 말리며 흘러만 간다

그 참사는 시민들의
생업과 경기마저 제쳐버리고
지갑마저 닫아버렸다

그 슬픔은
봄이 한순간에 왔다 가고

여름으로 들어서서도
우리의 숨통을 짓누른다

오월이여
세월호의 참상을
하루빨리 씻어버리고

진세에서
이루지 못한 꿈

저세상에서라도
이루게 하여주십시오

가을

관포지교의
우정을 그리워하며

가을이
호숫가에서
붉게 물들어 가고 있네

그동안
친구들에게
쏟은 땀방울들이

만추의 물결 속에서
출렁거리고 있구나

살아오면서
맺은 끈끈한 우정을

거둬들인 알곡들을
광 속에 차곡차곡 쌓아 가듯

가을이 가기 전에
마음속 깊은 곳간에
하나하나씩 쌓아 가리라

노을 같은 인생

바람 같고
새털 같은 영혼
꽃이 활짝 피면 떨어지듯

어느새
내 머리에도 눈이 내려
언제 낙화될지도 모르는
하얀 꽃이 피었네

전능하신
조물주는 알고 있겠지
사라져 가는 저 노을이
어디로 가는지를

갈잎

호숫가
숲속에서 붉은 빛을
내는 갈잎들

내일을
기약하지 못하고

세찬 바람에
한 잎 두 잎 속절없이
떨어지고 있구나

이제 세상과는
영원한 이별이요

너의 흔적은 어디에서도
찾아볼 수가 없게 되었구나

그래도
봄이 오면 낙화된
갈잎의 틈새를 비집고

네가 뿌린 씨앗에서
푸른 새싹이 돋아 오르는
날이 오리라

견우와 직녀 1

매년
12월 12일 12시에
사당역 12번 출구에서
만나는 친구가 있다

어린 시절 그 친구는
청계산 자락에서
돌팔매질을 하며
병정놀이를 하던 친구다

지난해에는
백발이 되었지만

젊은이 못지않게
호탕하게 웃어가며
술잔을 기울였는데
금년에는 어떻게 될지

견우와 직녀 2

금년에는
만나는 것도 사정이 있어
12월 13일 12번 출구에서
1시에 만나
친구 7명이 식당으로 갔다

3명은 냉면 4명은 갈비탕
소주는 3병을 먹었는데
대화는 김빠진 맥주같이
활기를 찾을 수가 없었다

그저 무덤덤하게
말 한마디도 없이
술잔만 기울이다가
가 버린 친구도 있었다

감나무 한 그루

뜰 앞
감나무 한 그루
봄, 여름, 가을, 겨울
사시사철 그 모습으로

여름에는
열매를 키우며
왕성한 활동을 하고

가을에는
결실을 맺어

붉고 탐스러운 감을
세상 밖으로 내보내고 있네

나는
백발이 되도록 뭐 하나
뚜렷하게 남긴 것이 없는데

너는
한자리에 서 있으면서도
제 몫을 다하고 있구나

고독

오래된
감나무 한 그루

주먹만 한 감
주렁주렁 매달려

부푼 꿈 안겨 주었던
좋은 시절 어디로 보내고

무슨 죄 지었기에
벌거벗은 나목이 되어

엄동설한에 고독을 안고
벌을 서고 있는지

고목(古木)의 노래

풍상에 찌든 고목이
회춘의 싹이 돋듯

문학의 문을 노크하니
동아리들이 나를 반기네

안개 낀
알쏭달쏭 헷갈리는 길
헤집고 가다 보니

말년에
문학으로 시 수필
두 개 꽃을 꽂았네

어머님 생전에
이 모습을 보셨다면

손뼉 치며
함박웃음 지으실 텐데

공이 되어버린 사람

스마트폰 시대
효는 구태의연한
낡은 전통의 유물이 되어버렸나

기러기에게는
장유(長幼)의 서(序)가 있고

까마귀에게는
반포(反哺)의 효가 있다는데

요즘 자식들은
부모를 공놀이하듯

아들은 딸에게
딸은 아들에게 서로 떠넘기니

이제 부모는 아들네 가족
딸네 가족도 아니라고 한다

효도는 멍에요 부담으로
뒷모습만 쓸쓸하네

절해고도에서 살았던
로빈슨 크루소와 같이

혼자 스스로
새로운 생의 활로를 찾아가는 것이

효가 실종된 시대의 요청이요
메시지라고 하는데

공이 되어버린 부모들에게
과연 그럴 힘이 있을는지…

그대 내 곁을 떠나도

을미년을 맞이하며
갑오년도 뒤안길로 사라져 갔네

매년 연말이면 한 해를 보내고
새로운 해를 맞이하듯이

그저
인생이란
세월 따라 물 흐르듯
살아가면 되는 것인지

지난해를 보내면서
가장 슬펐던 일은

무엇 하나
제대로 이루어 놓은 것 없이

그저 세월만
허송한 것은 아닌지

그래도
지난해는
탈 없이 지냈는데

새로 맞이한 을미년은
어떤 일이 벌어질는지

나무토막 의자

다섯
토막으로 잘리어
공원에 서 있는
토막 의자여

왕성하고
무성했던 그 좋은 시절
어디다 다 빼앗기고

쓸쓸한
공원에 외로이 서 있는가

다시
태어날 수 없는
토막 의자가 되어

오늘도 그 누가
너를 걸터앉아 있구나

살아서는
자비를 베풀었고
청정한 공기를 제공하였는데

무슨 업보가 있기에
죽어서까지 몸이 잘린 채
봉사를 하고 있느냐

고양이 한 마리

새벽녘
어둠 속을 뚫고

감나무 밑에
웅크리고 있는 고양이 한 마리

하늘에서는 천둥 번개가 치고
거친 바람이 몰아치는데

아기 주먹만 한 감 하나가
땅바닥에 떨어져 뒹굴고 있네

어느 놈은 팔자가 좋아
나뭇가지에 매달려 있고

어느 놈은 팔자가 사나워
땅 위에서 뒹굴고 있나

어느 재수 없는 놈이
걸려드는지

살기 어린 고양이 한 마리가
미동도 않고 앉아 있네

관악산 연주암

생애
가장 힘들었던
30대 후반

활로를
열어 달고
관악산 연주암에서
어머니, 여승, 나
셋이 불공을 드렸네

여승은
목탁을 두드리고
어머니와 나는 염주를 들고
108배를 올리며
소원을 이루어 달라고
비지땀을
흘려가며 불공을 드렸네

여승이 하는 말!
정성이 부족하니
108배의 열 배인
천배를 올리라고 하며
계속 목탁만 두드리고 있네

대둔산

호남의
금강산이라고
부르는 대둔산

구름다리를 건너
가파른 정상에 오르면

괴암 괴석들이
산등성이마다 펼쳐져 있네

한 겹 두 겹
펼쳐져 있는 골짜기에

집도 있고
꼬불꼬불한 길도 있네

그곳에서 사는 사람은
어떤 사람들일까

울긋불긋 등산복을 입은
대둔산에 널려 있는 사람들

떡을 치고 두부를 만들고
부침개를 부치는 사람들

이 모든 사람들을
대둔산이 먹여 살린다

남근

행신공원 내
위용을 떨치고 있는 남근들
모양도 가지각색

형태도 다른 것들이
동해를 제압하고 하늘을 향해
만용을 부리고 있네

동해의 푸른 바다
검푸른 물결이
바람을 가르며 출렁거리면

남근은 파도 소리에
화답이라도 하듯

만화방초와
사람들에 둘러싸여
성스럽게 끄덕이고 있네

대추나무

우리 집
뒤뜰에 자리 잡은
대추나무 한 그루

나뭇잎이
줄기마다 층층이 매달려 있네

무더운 여름날
마디마디 열매 키우려고

벌레들에게
살점 뜯기면서도

어머니같이 소리 내어
울지 않는 대추나무여

너를 갉겨먹는 분충(糞蟲)들
죽이고 싶지만

그들도
종(種)을 보존하고 살아가야 하니

어떻게 하여야 좋을지
내 맘 나도 모르겠구나

대동제(大洞祭)

옛날부터
광창(廣倉)마을 사람들은
용의 머리인
청계산 옥녀봉을 주봉으로 하고
청계산(淸溪山) 줄기인
곱돌머리를 좌청룡(左靑龍)으로
바위뫼테를 우백호(右白虎)로
우면산(牛眠山)을 안산(案山)으로 하고
태평성대(太平聖代)를 이루며 살았네

봄에는 씨앗을 뿌리고
가을이면 풍성한 햇곡식으로
떡을 빚어 고사를 지내고
집집마다 고사떡을 돌리며
오순도순 정답게 살았네

음력(陰曆) 10월 20일이면
광창마을
이중계원(里中稧員)들은
하얀 두루마기를 입고
마을의 주산인
말락고개 밑에다

마을의 안녕
번영, 화합을 바라는
제상(祭床)을 차려 놓고
대동제(大洞祭)를 올리며
풍악을 울렸다네

* 급속도로 변화하는 물결 속에서 우리 마을의 전통적인 모습이 하나 하나씩 사라지고 있는 모습이 애처로워 우리 마을에 뜻이 있는 사람들이 모여 이번에 이중계란 계를 통해 마을의 안녕(安寧), 번영(繁榮), 화합(和合)을 바라는 옛 조상들의 열을 기념하기 위하여 시비를 세우기로 하였는데, 이 시비에 「대동제(大洞祭)」라는 시를 넣기로 하여 불초 필자가 이 시를 쓰게 되었다.

동이 튼다

동이 트는 새벽
희망찬 새해를 맞이하여

운무에
갇혀버린 관악산에

찬란한
태양이 떠오른다

몽롱한 잠자리에서
꿈속을 해매는 사람들이여

창문을 활짝 열어
어둠의 장막을 걷어내고

떠오르는 태양을
맞이하면 아니 되겠니

제2부

삽과 아버지

마을 안길

이른 새벽
손가방을 어깨에 메고
마을 회관
헬스장으로 가면

마을 가
조그마한 공원
먼지 낀 의자 위에
지친 하루가 누워 있네

주위에는 비닐조각과
빈 소주병이 뒹굴고

등이 굽은 청소부는
빛바랜 모자에다
빨간 조끼를 입고

인생의
고달픈 때가 묻은
쓰레기와 빈 소주병을
치우고 있네

과욕

겨울이 돌아오면
동면의 세계로 들어가

단꿈을 꾸고 있는
개구리와 뱀이여

너희들은
돌아오는 봄을 향해

땅속에서
깊은 동면을 하고 있구나

만물의
영장이라고 하는 우리네 인간들

너희들보다
욕심이 많아서일까

파도가 몰아치는
거친 세파 속에서

칼날 같은
한파를 가슴에 안고

오늘도 먹이를 찾아
거친 광야를 헤매고 있구나

먼동

창틈을 비집고
어둠을 제치고
찾아든 먼동이여

긴긴밤
어디서 보내고

찬 이슬 맞으며
창가로 숨어드느냐

좀 있으면
따스한 햇볕이

붉은 태양을 앞세워
찾아들 텐데

네가 머물 수 있는
시간도 잠시일 뿐

너와
석별의 정을 나누기에는

너무나도
시간이 없구나

한여름 밤 모기와 전쟁

모기가
변형이 되었나

좁쌀만 한
까만 모기 한 마리

나의 방에서 내 몸에
침을 꽂고 살아가고 있네

비가 종일 내리던 어제
드디어 백병전이 벌어졌다

내 다리 세 군데나
침을 꽂더니

몸 여섯 곳에 침을 놓고
싸움을 걸어왔다

상처 난 부위를 모불린으로 바르고
에프킬라를 퍼붓고 방으로 왔더니

모기 한 놈이 성이 났는지
윙윙거리며 마치 가미카제와 같이
공격해 들어왔다

워털루에서 사생결단으로
나폴레옹과 웰링턴이 싸우듯

나는 모기와
치열한 백병전을 벌였다

1차 2차 3차 공격을
하지 않았더라면
이 방에서
같이 동거를 하였을 텐데

과욕을
부리다 가버린 모기여

너도
처자식이 있었을 텐데

아쉽게 되었지만
네가 살다 간 흔적들이

비각같이
내 몸에 남아 있으니
너무 서러워하지 마라

새 한 마리

창가 늘어진
전깃줄에 찾아드는
여명 앞에

작은
새 한 마리가
어디선가 날아와

갖은
재롱부리며
비비베버 지지베버

세상에서
제일 아름답고
고운 노래 부르고 있네

목련꽃 예찬

목련꽃을
피우기 위하여

얼마나 많은
인동의 세월을
눈물로 보냈을까

봄기운이
감도는 어느 날

갑자기 꽃망울을
터트린 목련꽃이여

꽃말은 귀공자의
온화한 자태를 드러내고

꽃잎은
허공의 선을 긋고

나비같이
날갯짓을 짓고 있구나

흰색의
꽃눈이 붓을 닮아

목필이라고
부르는 꽃 봉우리여

너의 모습은
북쪽을 바라보고 있어
북향화라고 부르는데

너의 모습이
청아하면서도

새색시 모양
정말 아름답구나

발

장군이 있으면
졸병이 있듯이

사람에게는
머리가 있고 발이 있네

발은 몸을 지탱하는 받침대며
몸을 움직이는 바퀴라네

빛이나
밝음을 피해 음지에서 살고

혹사를 당해
꽈리같이 부을 때도 있고

부풀어
터지기도 한다네

고약한
냄새를 풍길 때도 있지만

충견같이 따르면서
움직여 주기도 하지

딱딱한 암흑 속에서
옥죄면서 고통도 달게 받아들인다네

때로는
타박상을 입어 뼈가 어긋나도

주인에게
충직하게 봉사하며
무거운 몸을 지탱도 하지

봄을 기다리며

뒤뜰에 피어 있던
연분홍 자두 꽃송이

추억 속에서
아물아물거리네

화창했던
봄날은 언제쯤 올까

눈보라
몰아치는 겨울을
밀어내고

푸릇푸릇
새싹 돋는 봄을 그리며

흘러가는
양재천 저 물결소리

하늘에서 쏟아지는
눈발을 받으며

따스한
봄날을 기다리며

세월은
그저 흘러만 가고 있네

봄이 오는 소리

바람에 흔들리는
목련나무 가지

속살 속에
숨겨진 파란 새싹들

찬 바람에
햇빛 끌어당기며
봄을 준비하고 있네

나무 위를 날며
조잘거리는 새소리

가지에서
물오르는 소리

산천을 쓰다듬고
영혼을 일깨우며

실핏줄 속에
펴져나가는 가지마다

봄기운을 불어넣어
봄을 재촉하고 있네

붉은겨우살이

줄기에 뿌리내려
참나무 등에 업혀
한평생을 살아가는
붉은겨우살이여

가련한 모습이
셋방살이하며 살아가는
철호 엄마를 닮았구나

아무리 발버둥 쳐도
행복이란 열매를 맺지를 못하고
해가 지고 날이 갈수록
걱정만 늘어 가는 철호 엄마

지난봄 남편이
저세상으로 가고
외아들마저
군대에 가 외롭다고

아무리
술잔을 기울여

외로움을 달래 봐도
몸만 망가지고

겨울을 맞이한
참나무 등에 업힌
겨우살이같이
잠 못 이루고 있는 철호 엄마

삽과 아버지

삽과 아버지는
실과 바늘과 같아

떼어 놓을 수 없는
빛과 그림자

비가
올 때 삽을 들고
논둑을 걸어가는

아버지의 모습은
장군같이 늠름하다

비가
내린 후 삽을 들고

밭고랑을 파는 아버지는
금맥을 파는 광부와 같다

삽은
밭을 일궈

자손들을 튼실하게 키워
넓은 세상으로 내보내고

무엇이든지 일궈내는
도깨비 방망이다

아버지가 떠난 요즘에는
삽은 애물단지가 되어

빈 창고 속에서
붉은 눈물만 흘리고 있네

소망

그동안
내가 태어난
과창 마을을 잊어버리고

나만을
위하여 살다 보니
어느 사이 팔십이 되었네

이제는 남은 생
마을에서 자라고 있는

풀 한 포기 돌멩이
하나라도
아끼고 사랑하면서

고운 사람 미운 사람
다 품에 안고

무슨 일이 있더라도
베풀면서 살아가리라

솟대를 바라보며

장대 위에 앉은 새여
마을을 지키기 위하여
옛날부터 오늘날까지

마을 조상님들과
명맥을 이어 오면서

정월 대보름날
동제(洞祭)를 지낼 때에나
겨우 밥 한술 얻어먹고

마른 몸으로
마을을 지키며
잘도 버티어 왔구나

너를 보면
조상님들이
너의 앞에 무릎을 꿇고

동제를
지내던 일들이 머릿속을
스치며 지나가는구나

쓰나미

적막이 흐르는 오후
컴퓨터 키를 두드리니

쓰나미가 할퀴고 간 일본 열도에
붉은 불기둥이 솟아 있네

사랑하는 딸 수정아
죄 없이 살아온 우리에게
나쁜 일은 없을 터

동경에 있는 너희들이
무사하기를
천지신명에게 빌고 빌었다

며칠 전 친구가
일본 여행을 가자기에
대답을 안 하였다

내가
일본에 있었다면

너희 식구와 넷이
일본 하늘 밑에서
헤매고 있었을 텐데

엄마의 가슴은
숯덩이로 뭉개어져
지금쯤 어찌 되었을까

생각만 하여도 소름이 끼쳐
몸서리가 쳐지는구나

나목이 된 은행나무

초가을같이
온화하던 날씨가

쌀쌀해져 귀뺨을 때리는
십이월 초하룻날

온 세상은
잿빛 속에 파묻혀 있다

강풍을 맞은 벌거벗은
나목이 된 은행나무는

철학자가 되었나
황금알 주렁주렁 매달았던

아름답고 푸르렀던
지난날을 회상하고 서 있는가

거리의
성자는 강풍을 안고

굳게 입을
다문 채 말이 없이 서 있네

아름다운 사람

사랑을 베푸는 사람들
목련꽃같이 아름답다

이 세상을 부정하고
색안경으로 보는 사람들

자신과 주변까지
검은 물로 물들인다

무슨 업보가 있기에
매사 불평을 일삼는 친구가

내 곁에 있어서
지금껏 살아오는 동안
많이 힘이 들었다

그러나 이 세상에는
장밋빛 같은 인생으로
살아가는 사람들이 더 많다

그래서
세상도 봄날같이 흘러가고
내 인생도 물 흐르듯이 흘러간다

야속한 세월

화롯가에
둘러앉아 이야기꽃을 피우던
어린 시절

그때 그 사람들
다 어디로 가고

삭막하고 쓸쓸한 겨울날
혼자 남아 외로움을 달래는가

무심하기도 한 세월
야속하기만 한 세월

한 번 가면
다시 올 줄 모르는 세월

지금도
세월은 구름같이 흘러가고
물 흐르듯 흘러만 가네

어린 시절

한국전쟁으로
어수선했던 시절

낯선
사람들이 마을에 찾아들어
피란살이를 하였네

무더운
여름날 연못에서
멱을 감던 낯선 여자 아이들

우리들이
멱을 감으러 가면
깜짝 놀라 옷을 들고
도망을 치곤 하였지

우리들은
그것이 재미가 있어
여자 아이들을 놀리면서
물장구를 치며 멱을 감았지

내 모습같이 그 여자아이들도
백발이 되어 있을 텐데
그때 그 일들을 기억이나 하고 있을까

어머니

어머니 하면
왜 바다가 떠오르나

바다에는 온갖
해조류가 살고 있다

바다는
그들을 품고 춤을 춘다

강육약식(强肉弱食)이 도를 넘어
목불인견(目不忍見)의 참상이 빚어지면

바다는 노하여
쓰나미 같은 태풍을 앞세워

산더미 같은
파도를 일구며 울부짖는다

어머니는 자식을 위해
소라 껍데기가 되어

우리를 토닥이며 살아가시다가
순리를 벗어난 자식들이 있으면

노도와
같은 태풍을 앞세워

회초리를 들고
쓰나미같이 울부짖는다

아내에게 바치는 글

남은 생 당신을 위해서라면
아름다운 꽃이 되어 드리리라

소낙비가 내리면 우산이 되어 주고
파도를 만나면 등대가 되어 주고

당신만을 가슴에 안고
남은 생 살아가리라

요즘은 눈도 침침하고
이도 아프고 무릎마저 아프네요

살아가는 동안 혹시 잘못된
일이 있더라도

자비로운 마음으로
눈감아 주시면 아니 되겠는지요

제3부

억새꽃

억새꽃

싸늘한 초겨울
들녘에 서 있는 억새꽃 한 무리

바람 부는 대로
이리저리 나부끼고 있네

무더운 여름날
어디선가 본 듯한 어머니 모습

가느다란
줄기 마른 잎으로

억새꽃을
받쳐주고 있네

오형오락(五刑五樂)

잘 보이지 않으니 목형(目刑)이요
씹을 수가 없으니 치형(齒刑)이요
걸을 수가 없으니 각형(脚刑)이요
들을 수가 없으니 이형(耳刑)이요
색을 탐할 수 없으니 궁형(宮刑)이라는
승지 여신덕(呂善德)의 말을 듣고

심여승(沈魯崇)이
오락(五樂)으로 반격에 나선다
잘 보이지 않으니
정신을 수양할 수 있고

씹을 수가 없으니
연한 것을 먹게 되어
위를 편안하게 하고

걸어갈 힘이 없으니
편안히 앉아 힘을 아낄 수 있고

좋지 않은 말을 들을 수 없으니
마음이 절로 고요하고

색을 멀리하니
망신을 당할 행동에서 벗어나니
이 어찌 즐겁지 않겠는가

Y 의원

시의원으로 진출한 Y 의원
진심으로 축하드립니다

역동과 진취적 기운이 감돌고 있는
갑오년 청마의 해를 맞이하여

삼각산과 관악산
두 산봉우리가 우뚝 솟아올라
위대한 여성의 시대가 열렸습니다

과천의 심볼(Symbol)
관악산과 청계산의 정기를 받아

시의회로 진출한 Y 의원이시여!
옥에도 티가 있듯이

이 세상엔 완벽이란
존재하지 않습니다

정치를 하며 검은 돈의
노예가 되지 마십시오

눈먼 검은 돈 받아먹고
쇠고랑 차는 정치인들

그동안 수도 없이
많이 보지 않았습니까?

그것을 박차고
벗어나지 못한 선량들
측은하고 가련하지 않던가요

Y 의원이시여
그저 비우시고 시민을 위한
깨끗한 선량이 되어

과천의회 사(史)에
큰 족적을 남겨 주시기를
간곡히 부탁드립니다

열쇠

문을 잠그고
여닫는 열쇠

모양도 가지가지
형태도 각양각색

숫자를
눌러서 열기도 하고
카드로 열기도 하는데

철옹성 같아서인지
빈부의 갈등 이념의 갈등

동서화합 마음의 문만은
열고 닫지를 못하고 있네

의자

아내는 출타 중이고
아침을 챙기려고 의자에 앉는 순간

의자가 주저앉는 바람에
의자 모서리가 갈비뼈를 내리쳐
병원을 찾았네

엑스레이 사진을 들여다보며
의사 하는 말이
갈비뼈에 금이 갔다고 하네

뒤늦게
이런 사실을 안 집사람은
의자부터 갈아 치우자고 하는데

의사 왈
늙으면 중심을 잃어
다치는 일이 비일비재하니

그렇게
살다가 가는 것이 인생이니
의자를 탓하지 말라고 하네

장미꽃 한 송이

과천 대공원
장미원 넓은 잔디밭에서

풀꽃들이
꽃 잔치를 벌이고 있네

장미동산에서는
활짝 핀 장미꽃들이

유월의 햇빛 속에서
큰 꽃 잔치를 열고 있고

하늘에는 스카이 리프트가
목화송이 같은 구름을 따라

젊은
연인들을 줄에 매달아
공중비행을 하고 있네

새 떼는
비비배배 노래 부르며
저수지 위로 날아가고

잉어 떼는
맑은 물가에서
오수를 즐기고 있다

장미꽃 한 송이가
줄기에 박힌 가시로
기타 줄을 퉁기며

유월의 정열 장미의
노래를 부르고 있네

철(鐵)의 여인

주차관리원이라는
이름을 갖는 여인은 우리 집 할미

농지는 경마장으로 들어가고
자식들은 철새같이 곁을 떠났네

경마 날엔
주차장에서 일을 하다가
여섯 시가 되면 집으로 돌아온다

일주일을
살다 보면 돈이 떨어져

물레방아 돌아가듯
다시 주차장에 나가 일을 한다

그녀는
왜소하고 볼품없는 늙은이지만

광창삼로
28번지에서 삶을 일구며
당당하게 살아가는

철의 여인
우리 집 할미다

탑교놀이

문화의
요람지 과천 문화원 뜰
정월 대보름날 제상을 차려놓고

풍물을
앞세워 하늘과 땅
온 천지가 하나가 되어

農者天下地大本
큰 깃발을 꽂아 놓았네

과천에
사는 사람들이 모여

국태민안과
시화연풍을 기원하는
태평제를 올리고 있네

사물놀이
춤꾼들이 모여들어

빙글빙글 돌며
한판 마당제가 벌어지고

어깨 위에
선동(仙童)들이 얼씨구절씨구

회적소리
꽹과리 소리에 맞추어
부채 들고 춤을 추고 있네

태양아 솟아라

태양아 높이 솟아
밝은 세상 펼쳐보자

갑오년
긴 터널을 지나 떠오르는 태양
을미년이 가져온 희망이다

TV를 타고
방금 백두산 천지에서
날아온 새

칠천만 국민이
갈망하는 통일의 새다

새해는
분단된 지 칠십 년이 되는 해
7이라는 숫자는
행운의 숫자가 아니더냐

통일의
열망이 보인다

동해의
푸른 물결 하나로 철썩이고

백두대간
태백산맥으로 이어졌다

단절의 철책선
우리 손으로 걷어내자

태양아
솟아라 불끈 솟아라
백두산 정상에서
한라산 꼭대기까지

우리 화해하고 용서하고
새처럼 날아 파도같이 달려가자

허상

민심이
천심이라고 하였는데

한 사나이의 아집이
온 나라를 벌집같이
들쑤셔 놓았구나

그의 처참한 주검을
한 달 넘게 방치한 곳은
남쪽하늘의 매실 밭이다

세상 돌아가는 꼴이
뭐가 뭔지 도통 알 수가 없다

월드컵에
나간 축구선수들은

세월호 침몰과 같이
허무하게 함몰되어
16강에도 못 오르고

나라 안에서는
세월호 특별법 제정을 놓고

또 한차례 곤욕을 치르고 있구나

대한 호는 이제
파고에 휩쓸려 침몰 직전에 있다

공권력에
도전하지 말라
과욕도 부리지 말라

하늘이 노하여
비바람을 뿌릴지도 모른다

민심은
허상이 되고

천심은
어디로 실종되었는지

세상사 안개에 싸여
한 치 앞도 안 보이는구나

헬스장 1

이른 새벽
헬스장을 찾으면

냉기가
몸속으로 파고든다

헬스장에서
운동을 하다 보면

개똥벌레가
눈앞에서 아롱거린다

얼마나 더 살려고
이 지랄을 하고 있나

한 번 왔다
가는 것이 인생인데

욕심은 끝도
한도 없단 말인가

헬스장 2

사시사철
하루도 빠지지 않고

헬스클럽에서
구슬 같은 땀방울을 흘린다

나이는
저만큼 떼어 놓고
청춘으로 돌아가

젊은 기가 흐르도록
건강을 다진 후 샤워를 한다

몸에서 냄새가 안 나
제일 좋아하는 사람은
집사람이다

4월이 오는 소리

온 산하가 사월이
오는 소리를 들으며
아름다운 꽃과
푸른색으로 몸단장을 한다

우리 집 앞에 있는
목련나무에서는 목화송이 같은
하얀 꽃송이가
뭉글하게 피어오른다

개나리, 진달래,
이름 모르는 들꽃들이
지천으로 피어 있는
이 계절을 사랑한다

꽃 속에는
짙은 향기가 있고
어머니 품과 같은
따스한 온기가 서려 있다

매년 봄이 오는 소리를
매화들이 제일 먼저 알리고,

산수유, 모란, 진달래,
개나리꽃 등이
그 뒤를 이어 알렸는데

요즘은
모든 꽃들이
자연의 순리를 깨트려 가면서
서로 먼저 피려고 아우성들이다

초승달

만물이 잠들어 있는
이른 새벽

관악산 칼바위에
초승달이 걸쳐 있네

산골짝
굽이굽이 비춰주는
은은한 달빛

내 영혼
꿈속을 헤매다
세상 밖으로 나오고 있네

새벽잠에서
깨어난 새 떼들 허공을 지나

초승달이
비춰주는 들녘을 향해
푸른 희망을 안고 날고 있네

저녁노을

노을이 지는
저녁이 되면

새들도
둥지를 찾고

서산에 걸친 해님도
어둠 속으로 들어간다

이것이
자연의 순리인데

인간은
끝이 없는 허욕으로
길을 찾아 방황한다

후회

사소한 일로
말다툼을 하고
큰소리치고
집을 나오는 날엔

눈을 흘기는
집사람의 흰 눈동자가
내 뒤통수를 때린다

온종일
후회와 회한 속에서

길을 걷다
골목길에 들어서서도

친구와 만나
대화를 하면서도

내 마음에는
하루 종일 먹구름이 끼어
마음이 편치 않다

그런데
가만히 앉아서 당한
집사람 얼마나 마음 아플까

이래서
별거라는 말이 나오고

이혼이라는
말이 나오는지 모르겠다

난 언제 철이 들어
제대로 사람 구실을 할는지…

눈송이

하늘에서는
흰 눈송이가

온 세상을 하얗게
도배를 하며 쏟아진다

오래간만에 까치가
지붕 위에서 지저귄다

오늘은
좋은 소식이라도 있을까

계속 눈송이가
펄펄 쏟아지고 있다

새벽달

서쪽
산기슭에
매달린 새벽달
만월의 부푼 꿈 안고

하늘의
한 모퉁이에 서서
물끄러미
나를 바라보고 있네

우주를
날고 싶은 끈질긴 생명력
무한대로 펼쳐진
하늘을 향해

오늘도
긴 여행을 하는
쓸쓸한 저 새벽달

단비

타들어가는 목을 내밀고
애타게 기다리던 온갖 꽃들

4월 들어
소리 없이 내리는 단비

너로 인하여
생동감을 찾고 웃음을 짓고 있구나

온 산하가
푸른 옷으로 갈아입고
단장을 하고 있는데

무엇이
못마땅해
천둥 번개를 앞세워
온 대지를 흔들어 놓느냐

단비 너를 맞아
활짝 핀 얼굴이

한 컷
셔터를 누르듯
순간적으로
고통으로 일그러지는구나

어느 예식장

부산에서
12시에 치러지는

결혼식에 참석하려고
아침 5시에 집에서 나왔네

신랑은 서울 사람
몸이 불편한
홀어머니를 모시고 산다
그렇다고 뚜렷한
직장이 있는 것도 아니고
재산이나 학벌이
있는 사람도 아니다

그런데
신부는 부산 사람
인물도 출중하고
양친 부모 밑에서
티 없이 곱게 자란
양갓집 딸이다

이런 두 사람이 인연을 맺어
오늘 결혼식을 올리고 있다

주례는
이들이 천생연분이라고

검은 머리가
파뿌리가 되도록 살라고

입이 마르도록
주례사를 낭독하고 있네

봄이 오네

입춘이 지나
봄이 찾아오니

나뭇잎마다 햇볕을 받아
강남 갔던 제비도 불러들이고

봄의 전령사
벌 나비도 오라고 손짓하네

청계산 끝자락에
자리 잡은 장애인 복지관도

봄이 찾아들어
시도 짓고 파스퇴르화도 그려

시사모가
똬리를 틀고 있는
문향의 도시 과천시를

전국에서 으뜸가는
문화도시로 만들려고 하네

제4부

자연의 이치

양재천가 미루나무

졸졸 흐르며
봄맞이 하는 양재천
바람은 아직도 차갑기만 한데

산책로
분주하게 오가는 사람들
햇볕 따라 물결 따라
잘도 걸어가네

개울가 늘어선
벌거벗은 나무들
아직도 깊은 잠에 빠져 있는데

뚝방에 서 있는
미루나무 한 그루

가지마다
마디마디에
따스한 햇볕 달고

봄이요
빨리 오라 손짓하며
초록 봉오리 터트리고 있네

청소부

가로등 밑에서
찬 바람 가슴에 안고
매일 길을 쓸고 있는 청소부

오늘도 동이 트기 전
비닐봉지와 집게를 들고
집을 나서는구나

사시사철 변함없이
한 몸 불사르고
휴지조각 줍는 저 모습

고행의 길을 걷고 있는
수도승 같구나

불 속으로 뛰어드는
부나비같이

언제 굉음을 지르고
달려올지 모르는

찻길 속에 뛰어들어
생계를 줍고 있는
저 청소부

민요를 들으며

집사람이
출타한 집에서
민요를 틀어놓고 들으면

왜 이리도 마음이 쓸쓸하고
산란해지는지…

민요 구절마다
삶의 처절함과
애환이 숨어 있어 마음이 아프다

경수(經首)의 장단*을
떠올리게 하는
가슴속
깊이 파고드는 노래 음률

텅 빈 집에서
혼자 민요를 듣고 있는
나를 더욱 외롭고
쓸쓸하게 만드는구나

* 경수(經首)의 장단 : 요 임금 때 지어 부른 노래의 하나.

자연의 이치

봄에는
꽃이 피고

여름에는
바람이 불어오네

가을에는
둥근 달이 뜨고

겨울에는
하얀 눈이 내리네

유년기
청년기를 지나
고희가 다가오면

백발에서는
흰 눈이 내리고

돋보기가 없이는
단 한 자도 볼 수 없는
소경이 되네

우리 집 할미 1
— 할매 쌈짓돈

우리 집 할미는
무슨 재주가 있나

무슨 돈인지는 모르지만
지갑 속에는 늘 돈이 가득하다

용돈이
필요해 손을 벌리면

천왕문 안에 앉아 있는
사천왕같이

눈을
부릅뜨고 부라리는데

손자 놈들에게는
늘 관대하여
손을 벌리지 않아도

대웅전에
부처님처럼
인자한 웃음을 지으며

지갑 속에서 말없이
신사임당 한 장을 꺼내주네

우리 집 할미 2

우리 집 할미는
요즘 들어 힘이 솟는지

위대한 삼각산에도
여성의 시대가 열리고

관악산 과천에도
여성 시대가 열렸다고

큰소리치며 자기가
이 집의 가장이라나

눈만 뜨면
잔소리가 늘어나고

경마장 말처럼
무소불위로 날뛰고 있네

우리 집 할미 3

우리 집 할미는
눈앞에 있는 현관문을 두고

골방까지 찾아와
현관문 잠갔느냐고 묻네

문 잠그는
사람 따로 있나

자기가
잠그면 뭐 덧나는
일이라도 있나

내가
하늘나라에
가 있어도

하늘나라까지 찾아와
현관문 닫았느냐고
물을 건가

우리 집 할미 4

겨우내 주름진 이맛살
연분홍빛 봄기운이 감도네

혹한의 움츠렸던 몸
신선한 야채가 좋다나

우리 농산물만 취급하는
일주일에 두 번 열리는

동네
경마장 시장에서

우리 할미는
청양 풋고추, 냉이,
달래, 상추, 쑥갓 등등

아기
주먹만 한 붉은 딸기를
한 아름 사들고 오네

우리 집
할미는 식탁 위에
봄나물과 봄빛을 차려놓고

봄바람을
고봉으로 담아
어릴 때 소꿉장난하던

어린 시절로
돌아가자고 하네

우리 집 할미 5

우리 집 할미 요즘 들어
자꾸 무릎 아프다고 하더니

오늘 아침 자고 일어나
머리가 빙빙 돈다고 하네

병원으로 진찰을 받으러 가
궁금해 전화를 걸었더니

귓속에 있는 달팽이가
반란을 일으켜

세상을 빙글빙글
돌리고 있다나

지구촌 곳곳에서
크고 작은 일들이

끊이지 않고 일어나
하루도 조용한 날이 없는데

할미 몸
이곳저곳에서도

요즘 들어
잠시도 쉬는 날 없이

반란을
일으키고 있으니
어쩌면 좋겠노

우리 집 할미 6

봄의 전령사
창문을 두드리는 햇빛

겨우내 잠자고 있던
할미를 찾아

삽과 괭이를 들게 하고
텃밭으로 내몰고 있네

우리 집 할미는
거미같이 가느다란 팔로

밭고랑 일구느라고
거친 숨 몰아쉬며

검정색 비닐
융단같이 깔아 놓고

상추와 쑥갓 심어 놓고
비지땀 흘리네

상추 자라는 소리 푹 젖은 오후
우리 집 할미 입가에 웃음 띠며

푸릇푸릇 솟아나는 봄바람과
겨우내 찬 바람에 시달린

파단을 한 아름 안고
집 안으로 들어서네

우리 집 할미 7

우리 집 할미는
낙과에는 닭똥이 좋다나

며칠 전 거름을 준
감나무, 대추나무, 자두나무 둘레를

다시 파서 닭똥 한 포대씩
나누어 주고 있네

금년에는
나무들이 포식을 하여
배탈이 나지 않을까
걱정이 되네

우리 집 할미는
다가오는 가을에
지천으로 열릴 홍시를 따서

이웃에게 나누어 주고
까치 몫까지 챙겨 주겠다고

벌써부터
감나무를 쳐다보며

주판알 퉁기며
덧셈 뺄셈까지 하고 있네

우리 집 할미 8

할미는
잠이 없는가

새벽부터
부엌에 서서 무엇을 하는지

덜그럭
덜그럭 하는 소리에

잠자고 있던
내 머리카락이 화산 폭발하듯
하늘 높이 치솟고 있네

소리 나지 않게
조용히 할 수는 없느냐고
목구멍까지
말이 튀어나오는데

목구멍이
포도청이라고

마른날에 날벼락 칠까 봐
이러지도 저리지도 못하는
이 못난 병신

우리 집 할미 9

분당에 사는 아들이
파김치를 좋아한다고

우리 집
할미는 이른 아침부터
파단을 한 아름 사들고 오네

플라스틱으로 된
김치 그릇 세 그릇에

청양고추로 붉게 버무린
파김치를 똑같이 담아

하나는
아들네 줄 것이고

또 하나는
우리 집 것이라고 하는데

아무리
생각을 해봐도
나머지 한 그릇은

누굴 줄 것인지
알 수가 없네

우리 집 할미 10

옛날
그녀를 처음 만난 곳은
남산 숲속 음악당이었지

초여름
초록빛 꿈만 있고
빈껍데기만 남은 우리는

작열하는
숲속을 거닐며

칠색의
꿈이 서려 있는
미래를 약속했지

세월이
흐르다 보니
그 꿈은 저만치 가 있고

주위에
있던 사람들은 하나둘
곁을 떠나고 있는데

할미가 된 그녀는
등이 아프다고
이곳저곳 누르면서

새가슴같이
야윈 등을 내밀며
파스를 붙여달라고 하네

우리 집 할미 11

우리 집 할미는
팔십을 바라보는 나이에도
복지관으로 나가
컴퓨터도 배우고
스마트 폰도 배우면서
즐겁게 살고 있지요

오늘도
아침 일찍 가방을
둘러메고 집을 나서네요

가방에는
무엇이 들어 있기에
무거운 짐을 지고
끙끙거리고 있는지

그렇게
사는 할미가 있어
나는 오늘도
하느님께 감사를
드리며 살고 있지요

우리 집 할미 12

오늘 저녁 식탁에다
머위와 쌈을 놓고

순 신토불이
우리 푸성귀로
밥상을 차려 놓았네

그동안
인스턴트식품으로
찌들고 변한 입맛을

우리 집
할미 손맛으로 다시 찾았네

오래간만에
웃음과 옛 추억을

머위에 싸서
포식을 하였네

봄의 찬가

처마 밑
고드름 녹아
떨어지는
저 낙숫물 소리

겨울을 밀어내고
봄을 들이고 있네

목련나무 가지마다
따사로운 봄볕에
피어오르는 꽃봉오리들

새들이 날아오고
바람이 불 때마다

하얀 성(城)에서
봄이 피어나는 소리
들려오네

허공 속에 나

허공 속
한 모퉁이에
자리를 틀고 살아가는 나를

열심히 살아가는
개미들이 볼 때
어떤 모습으로
비쳐질까

우람한 코끼리
우둔한 황소 그도 이도 아닌
살생을 일삼는 솔개미
그렇지 않으면 교활한 여우

나도
내가 누구인지
도저히 알 수가 없네

어버이날

카네이션을
가슴에 단 어르신을 보면
자식에 대한 사랑이
꽃잎 속에 겹겹이 담겨 있네

무심한 세월은
어버이를 빼앗아 갔고
형제들마저
이리저리 갈라놓았네

나를 끔찍이도
사랑하던 어버이
하늘나라에서
무슨 생각을 하고 계실까

생각만 하여도
눈물이 난다
어버이 생전에
불효막심한 이 자식

꿈속에서라도
다시 한번 부모님을

만날 수만 있다면
무릎을 꿇고
카네이션을 달아 드릴 텐데

자동차

대한 추위가
지나간 마을 안길
사람들은 움츠렸던
기지개를 활짝 켜고
한가롭게 길을 걷는데

차량들은
무슨 일이 그리도 급해
전속력으로 달리고 있나
계절이 바뀌고 있어도
아랑곳 없이
늘 경적만 울리고
달리는 자동차

지금 너는
어디로 굴러 가고 있는지
알고는 있느냐

제5부

들꽃

메르스

메르스
너로 인하여
온 나라가 뒤숭숭하다
잘 짜인 내 일정표가
순식간에 뒤죽박죽 되었다

집사람은
상추와 쑥갓을 차려 놓고
점심때 쌈으로
한 끼를 때우란다

나를 24시간 동안
집 안에 가두어 놓고
초식동물로
만들어 놓은 메르스
너 정말
호랑이보다 더 무섭다

장애인

착하고 순하게 보이는
나이가 지긋한 여인이
셋방을 얻으러 왔네

조카와
둘이 살 거라고 하여
계약을 하였는데

막상 기일이 되어
이사를 오고 보니

그 여인은 보이지 않고
사십이 되어 보이는
지체장애자 한 사람만 와 있네

그 사람은
땅거미가 지자
골목길에 서서

하늘을
향해 포효하며
고성을 지르고 있네

순식간에
순조롭던 일상생활이
그 사람으로 인해
무너져 버렸네

왜 이 남자는
눈방울은
수정같이 맑은데

넓은 천지 다 내버려 두고
이곳에 서서
소리만 지르고 있는지

그 사람의
속마음을 전능하신
하느님은 알고 있을는지

감자밭

가뭄에
타들어가는 감자 잎이
시들시들 시들어가는 오후
더운 바람이
분탕질을 치고 지나가는데
하늘이 어두워지더니
검은 구름이
소낙비를 몰고 오는구나

숨 돌릴 사이 없이
쏟아붓는 소낙비에
감자알이 고랑에서
물 토해내는 소리
가슴을 적시고 있구나

애타게
비를 기다리는 사람들
소망 이루어 참 좋겠다

비누

향기로운
너를 가지고
샤워를 하다
온몸을 문지르다 보면

네가 흘리고 있는
눈물방울들
소라껍질이 된
어머니 눈물 같구나

한평생
몸을 깎이면서
물거품을
토해내는 조약돌처럼

가면 갈수록
작아져 가는 너는
누구를 위해
이 세상에 태어나

한결같이
하얀 거품을 토해내며
울음을 삼키고 있느냐

아들에게

세상 살아가는 이치는
할아버지의 일생
아버지의 일생이
말하여 주듯이
천태만상이란다

그동안 살아오면서
깨달은 게 있다면
이 세상에서
가장 소중한 것은
가정과
처자식이란다

아들아
그동안 가정을 소홀히
생각하며 살아왔다면
늙어서
두고두고 후회하기 전에

마음을 다잡으며
남은 세월
가정과 처자식을 위해
잘 마무리하기를 바란다

생활 공원

서울 대공원에 있는
생활 공원을 오르다 보면
소나무들이 서 있는 둘레 길에는
산꼬리풀과 황매화
벌개미취가 는개에 젖어
행복한 웃음을 짓고 있네

꽃동산을 지나
둘레 길로 들어서니
소나무 가지 사이로
평화스럽게 날아다니던
새들과 까치
잔물결 치는
호숫가로 날아가네

모두가
정겹고 정겹다
한가로운 생활 공원이
그들의 안식처요
나의 행복처인 것을
그것도 모르고
행복을
먼 곳에서만 찾으려고 했네

들꽃

관악산에서 흐르는 물
양재천을 거쳐
한강으로 흘러간다

관악산
계곡물 말랐는데

양재천 물
어디서 흘러와
밤낮없이 흐르고 있나

이름 모를 들꽃들
흐르는 물소리에

민초들이
한평생 살아가듯

옹기종기 모여
잘도 살아가네

산꼬리풀

솔향기 물씬 풍기는
생활 공원
양지쪽에 피어 있는
산꼬리풀 하나

노란 병아리
해맑간 유치원생같이
연삼 반에 속해 있는
이름표를 달고

뿌리는
줄기를 부여잡고
줄기는
뿌리에 의지하여

생활 공원 찾는
모든 등산객에게
맑고 고운 웃음 짓고
어서 오라 손 흔드네

황매화

생활 공원에
피어 있는 황매화 한 그루

초록 양탄자 깔아놓고
잡초들에 둘러싸여

제왕같이
군림하고 있네

어희야
둥둥 햇빛 물고

솔향기 불어오는
높고 낮은 음표에

황매화
곡을 붙여
춤을 추며 노래하네

벌개미취

국화과에
속해 있는 벌개미취

아름다운
꽃 한 송이 피우려고

푸른 잎사귀는 지상에서
하얀 뿌리는 지하에서

나를 키워준 부모같이
서로서로 도와 가며

비지땀을 흘려 가며
일을 하고 있네

國

國 자를
들여다보면
나라가 전쟁이 일어나
위급할 때에는

백성들은
모두 창을 들고
국가를 위해 싸우는 모습이
그 속에 숨어 있는 것이 보이네

君

君 자를
들여다보면
나라에 임금이 있고
임금 밑에
백성들이
모여서 살고 있네

일요일

친구요
일요일에 만나자구요
일요일엔
외출을 할 수가 없네요

왜냐고요
오전에는 밀린 책을 읽고
오후 1시부터는 초소에 나가
차 단속을 하기 때문이에요

그 일당
4만 원과 월요일 아침에
청소하고 받는 3만 원으로
일주일간
요긴하게 사용하다 보면

어느 주일은
축의금 조의금 병문안 등등으로
턱도 없이 부족하지만
어떤 주일은
운수 좋게도 쓰고도 남지요

그래도
팔십이 된 이 나이에
돈을 벌어서 쓰니
나는 하늘에서 축복 받은
행복한 사람이네요

친구요
모든 일상생활이
일요일부터
시작되기 때문에
일요일엔 나만의 시간이 필요해요

청남대

역대 대통령들이
머물렀다는 청남대

끊이지 않고 이어지는
사람들의 발길

그들은
무슨 생각을 하고

청남대에서
머물다 갔을까

대통령이
산책하는 길

계단을
밟고 올라가면

꼬불꼬불한 길옆에
정자가 있고 의자가 있네

그곳에 앉아
역대 대통령들은

무슨 생각을 하며
국정을 구상했을까

삶의
찌든 민초들을

한순간이라도
생각이나 해 보았을까

대통령
자리에만 있으면

왜 줄줄이
감옥에 가고 총에 맞고
그렇지 않으면 자살을 할까

감옥에
자식들이 가지 않으면
형들이 가고

성한 대통령이
하나도 없으니

이판에
청남대에서 굿판을
한판 벌리면 어떨는지

기린초

삼십오륙 도를
오르내리며
기승을 부리는 날씨에

호명 호숫가에
자리 잡은
기린초 잎사귀들

잔잔한
호수 물과 손을 잡고
사랑의 밀어를 속삭이고 있구나

기린초 꽃잎들
팔랑팔랑 나부끼는
노란 드레스를 입고

호숫가
녹색의 무도장에 모여
관광객과 어우러져

벌 나비
불러들여
노래하며 춤을 추네

술패랭이

무더운 여름날
홍자색으로 단장하여

호숫가에서 바람과 함께
스텝을 밟으며
노래하고 춤추는 술패랭이

가슴 울리며
부르는 노랫소리가

내 영혼을
일깨우고 있구나

호명 호숫가에
터를 잡은 술패랭이

출렁이는 꽃잎들이
호수 물에 비쳐

하늘같이 맑고
티 없이 깨끗하구나

홍단풍

오월에 개화하여
구시월에 결실을 맺는
홍단풍이여

일본이
원산지인 너를 바라보면

토양이
전혀 다른 곳에서

이 땅으로
시집을 와서 아이를 낳고

홍단풍 너와 같은
운명으로 살아가고 있는

여인들의
애잔한 모습이
왜 자꾸만 아롱거리는지
모르겠구나

영산홍

분홍색
드레스를 차려입고
오뉴월에 찾아오는
영산홍이여

바다 건너 먼 곳에서
호명호수까지 오느라고
얼마나 힘이 들었느냐

너의 엷은
꽃잎을 보면

바다 건너
두고 온 피붙이들

얼마나
보고 싶어 하는지
알 수 있을 것 같구나

7이라는 숫자

7이라는 숫자는
행운의 숫자인가

유월이 가고
7월이라는
숫자가 들어서자

그렇게도
기다리던 단비가
갈라진 대지를 적신다

우리 집
감나무 줄기에 달린
잎사귀들

초록에서 검녹색으로
옷을 갈아입고

방금 쏟아진
물방울과 햇빛을 놓고

7이라는 숫자로
행운을 헤아리고 있네

장미원

유월
눈부신 햇살 아래
서울 대공원 장미원에서는
장미축제가 한창이다

어린이도
어른도 노인들도
다 장미꽃같이
얼굴이 붉게 피었다

장미원
이쪽저쪽에서
장미꽃 터지는 소리
스마트폰 터지는 소리
고막을 찢는다

미리내 다리

미리내 다리는
세느강 다리도 아니고

독일의
라인강 다리도 아니다

미리내 다리는
호수를 가로지르는

대공원 둘레 길을 따라
장미를 껴안고 싶어 하는 다리다

또한 거인이 누워 양팔을 펼친
은빛 찬란한 모습을 닮은

호수를 가로지르는
물빛 고운 다리다

직설적 시의 미학과 부부 사랑의 아름다운 향기

박 영 교

(시인 · 前 한국문인협회 이사)

노자(老子)의 말씀에 귀를 기울여 보면 "큰 나무도 가느다란 가지에서 시작되는 것이다. 높은 탑도 작은 벽돌 하나하나 쌓아올리는 데에서 시작한다. 마지막까지 처음처럼 주의를 기울이면 어떠한 일도 해낼 수 있다."는 말씀이 실감나게 떠오른다.[1]

계절을 지나오면서 변화하는 것이 비단 자연뿐만이 아니다. 사람들의 언어도 끊임없이 변하고 있고 피부에 부딪히는 음향 소리도 다르게 접근함을 알 수 있으며 사람들의 마음과 몸도 변화를 가져오게 된다. 지난해와 올해, 지금까지도 몰랐던 일들이 일어나고 있는 것 이를테면 '조류독감'이라든지 '광우병', '사드' 등등의 일들이 우리들에게 접근해 오며 스스로 자신을 그곳에서 격리

1) 박영교, 『시조작법과 시적 내용의 모호성』(도서출판 천우, 2013) p.240

되기를 기다림으로써 자기 자신의 정체성(Identity)을 회복하려고 하고 있다.

시인이 살아 있음을 증명해 보이는 방법적인 문제는 좋은 작품, 즉 독자들이 함께 공감할 수 있는 작품을 꾸준히 써서 발표하여 모든 사람들에게 항상 살아 있는 작품을 쓴다는 느낌을 주는 시인이어야 한다. 발표할 작품을 몇 편 보내라고 하면 써 둔 작품이 없어서 발표할 수 없는 작가나 시인은, 살아 있지만 살아 있는 문인이 아니라 그는 죽은 문인이다.

살아 있으면서 죽은 시인이 되지 않기 위해서는 열심히 호흡하며 살아야 하고 작품을 꾸준히 써서 발표지에 발표하여야 하며, 작품성이 있는 훌륭한 작품을 발표하는 것이 문학인으로서 독자들에게 살아 있는 시인임을 알게 하는 것이 된다.

우리 시인은 시의 세계를 펴 나갈 때 항상 밝은 마음으로 작품을 펼칠 수 있어야 한다. "우울한 사람은 과거에 살고, 불안한 사람은 미래에 살고, 평안한 사람은 현재에 산다."[2]는 말이 있다. 하루를 살아도 평화롭게 밝은 마음으로 내일을 소망하며 살아가면서 작품을 써나가는 것이 시인이 해야 할 몫이라고 생각한다.

아무리 소재가 많고 좋은 소재를 가졌다 하더라도 시인이 그것을 작품화하지 않으면 허사일 뿐이며 진주를 실에 꿰지 않으면 진주알 그대로 존재할 수밖에 없다. '가지 않으면 이르지 못하고, 하지 않으면 이루지 못한다. 아무리 가깝게 있어도 내가 팔을 뻗지 않으면 결코

---

2) 노자(老子), 『도덕경』에서

원하는 것을 잡을 수 없는 것' 과 무엇이 다르겠는가?

송인관 시인의 작품을 대하면서 송인관 시인이 연세가 있는 시인임을, 그리고 부부가 함께 장수(長壽)하고 있음을 알 수 있었다. 그리고 작품을 다량으로 꾸준히 다작하는 시인이며 활달한 성격의 소유자임이 작품에서 드러났다.

송인관 시인의 작품집 『저녁노을』에 실린 작품은 전편(全篇)이 102편이다. 그의 작품 속에는 사랑도 있고 친구도 있으며 부모님에 대한 그리움도 있고 어린 시절도 함께 있으며 자식에 대한 사랑도 찾아볼 수도 있으며 건강과 계절의 소리도 들을 수 있다. 송인관 시인의 시집 『저녁노을』은 전 5부로 구성되어 있다. 제1부 '노을 같은 인생' 20편, 제2부 '삽과 아버지' 20편, 제3부 '억새꽃' 에는 21편의 작품을 싣고 있으며 제4부 '자연의 이치' 20편, 제5부 '들꽃' 21편 등 102편의 작품을 싣고 있다.

4월에/ 일어난 세월호 참사// 목숨을 내놓고/ 꽃들을 찾아// 바닷속을 헤매는/ 해경과 잠수부들// 슬픈 꽃들의 귀환을/ 애타게 기다리는 가족들// 2014년 오월은 온 국민의/ 피를 말리며 흘러만 간다// 그 참사는 시민들의/ 생업과 경기마저 제쳐버리고/ 지갑마저 닫아버렸다// 그 슬픔은/ 봄이 한순간에 왔다 가고// 여름으로 들어서서도/ 우리의 숨통을 짓누른다// 오월이여/ 세월호의 참상을/ 하루빨리 씻어버리고// 진세에서/ 이루지

못한 꿈// 저세상에서라도/ 이루게 하여주십시오

—「5월에 흘리는 눈물」 전문

송인관 시인은 작품 「5월에 흘리는 눈물」에서 세월호 참사를 다루고 있다. 이 세월호 참사에서 우리가 슬프게 느끼는 점은 아직 젊고 꽃이 피지도 못한 꽃망울의 학생들이 많이 희생되어 죽음에 대한 안타까운 생각이 모든 국민들의 가슴을 아프게 하고 있는 것이다.

많은 시간과 생업, 아픔과 슬픔들, 우리들의 숨통을 짓누른 사건이라고 시인은 노래하고 있다. 꽃봉오리가 피지도 못하고 바닷속에 이슬로 사라진 학생들에게 현세에서 이루지 못한 꿈을 저세상에 가서라도 이룰 수 있게 해 달라는 시인의 간곡한 기도 같은 마음을 들을 수 있었다.

바람 같고/ 새털 같은 영혼/ 꽃이 활짝 피면 떨어지듯// 어느새/ 내 머리에도 눈이 내려/ 언제 낙화될지도 모르는/ 하얀 꽃이 피었네// 전능하신/ 조물주는 알고 있겠지/ 사라져 가는 저 노을이/ 어디로 가는지를

—「노을 같은 인생」 전문

시인은 저녁 하늘에 덮인 노을을 보면서 이 작품을 쓴 것 같다. 작품 「노을 같은 인생」에서는 시인 자신의 나이가 자꾸 높아만 감으로써 세월의 아픔을 공감하고 세월이 너무나 빨리 흘러감을 마음속으로 가슴 아프게

느끼고 있다.

사람의 영혼을 새털로 비유하고 있으며 그 영혼이 떠나가는 것을 꽃잎이 떨어지는 것에 직유법으로 비유하고 있다. 어느새 시인의 머리카락도 희어지고 있으며 언제 떠날지도 모르는 머리카락 흰 꽃들이 피어 있음을 보게 된다. 그러나 우리 인간들은 알 수는 없지만 조물주 하나님께서는 다 알고 있음을 시사하고 있는 작품이다.

> 뜰 앞/ 감나무 한 그루/ 봄, 여름, 가을, 겨울/ 사시사철 그 모습으로// 여름에는/ 열매를 키우며/ 왕성한 활동을 하고// 가을에는/ 결실을 맺어// 붉고 탐스러운 감을/ 세상 밖으로 내보내고 있네// 나는/ 백발이 되도록 뭐 하나/ 뚜렷하게 남긴 것이 없는데// 너는/ 한자리에 서 있으면서도/ 제 몫을 다하고 있구나
>
> —「감나무 한 그루」 전문

송인관 시인은 뜰 앞에 감나무 한 그루가 사계절 여러 모습으로 변화하여 살아가는 것과 그 감나무가 가을에는 풍성한 결실을 맺어서 사람들에게 혜택을 주고 또 모든 동식물에게도 함께 풍성한 결실을 보이는데 정작 사람인 시인 자신의 삶을 뒤돌아보면서 이 나이에 나 자신은 무엇을 해 놓았단 말인가? 시인 자신은 돌아다닐 수 있는 발도 손도 있으나 한 일은 없고, 감나무는 한 자리에 서 있으면서도 제 몫을 다하고 있어 부러워함과 동시에 대견하게 생각하고 있다.

이제 부모는 아들네 가족/ 딸네 가족도 아니라고 한다// 효도는 멍에요 부담으로/ 뒷모습만 쓸쓸하네// 절해고도에서 살았던/ 로빈슨 크루소와 같이// 혼자 스스로/ 새로운 생의 활로를 찾아가는 것이// 효가 실종된 시대의 요청이요/ 메시지라고 하는데// 공이 되어버린 부모들에게/ 과연 그럴 힘이 있을는지…

—「공이 되어버린 사람」 일부

송인관 시인의 작품 「공이 되어버린 사람」은 요즘 우리나라의 효에 대한 사상을 유추할 수 있는 작품이다. 예부터 집안에는 남의 식구가 잘 들어와야 집안이 번성하고 가문이 흥한다고 했다. 그 때문에 예로부터 혼인은 잘 아는 가문과 가문 사이에서 이루어졌고 또 부모님들 간에 잘 알아서 부모님들이 혼약을 하고 나중에 당사자끼리 인사를 나누게 하였다.

그러나 요즘 결혼 풍속도는 어떤가? 부모님들은 서로 뵙지도 못하고 당사자끼리만 먼저 알고 필(Feel)이 꽂히면 서로 깊이 사귀다가 결혼할 수 있게 되면 손잡고 부모님께 인사하러 와서 부모에게 신고만 하면 된다. 달라도 너무 다른 결혼 모습이다.

송인관 시 「공이 되어버린 사람」을 읽으면서 요즘 직장 따라서 살아가다 보면 할 수 없이 삶이 그렇게 흘러감을 알게 되지만 내 자식이 그렇게 하지나 않을까, 두려움이 앞서는 상황이다.

〈I〉

여승은/ 목탁을 두드리고/ 어머니와 나는 염주를 들

고/ 108배를 올리며/ 소원을 이루어 달라고/ 비지땀을/ 흘려가며 불공을 드렸네// 여승이 하는 말!/ 정성이 부족하니/ 108배의 열 배인/ 천배를 올리라고 하며/ 계속 목탁만 두드리고 있네

—「관악산 연주암」 일부

〈Ⅱ〉

다시/ 태어날 수 없는/ 토막 의자가 되어// 오늘도 그 누가/ 너를 걸터앉아 있구나// 살아서는/ 자비를 베풀었고/ 청정한 공기를 제공하였는데// 무슨 업보가 있기에/ 죽어서까지 몸이 잘린 채/ 봉사를 하고 있느냐

—「나무토막 의자」 일부

위의 두 작품 〈Ⅰ〉, 〈Ⅱ〉 모두 어려움과 부족한 것을 드러내고 있는 작품이다. 왜 둘 다 어려움을 겪고 있는 것일까?

〈Ⅰ〉의 작품은 시인이 가장 힘들었던 30대 후반 관악산 연주암에 그 어려움을 풀기 위해 불공을 드리러 간 일을 작품화하고 있으며, 작품 〈Ⅱ〉는 왕성하고 무성했던 좋은 시절을 다 빼앗기고 죽어서까지 몸이 잘린 채 토막으로 잘리어서 다시는 제 모습으로 돌아올 수 없는 토막의자가 되어 봉사하고 있는 나무의 상황을 작품화하고 있다.

우리가 살아가는 길에는 많은 어려움이 도사리고 있으며 순순히 풀리는 일도 있지만 일이 잘 풀리지 않아서 〈Ⅰ〉의 작품과 같이 열 배를 넘게 해도 풀어나갈 수 없

게 되는 경우를 볼 수 있다. 때로는 〈Ⅱ〉의 작품과 같이 이 세상에서 좋은 일 다하고 죽어서까지도 다시 돌아올 수 없는 외길을 걸을 수밖에 없는 사실도 있음을 독자들은 알아야 할 것이다.

> 동이 트는 새벽/ 희망찬 새해를 맞이하여// 운무에/ 갇혀버린 관악산에// 찬란한/ 태양이 떠오른다// 몽롱한 잠자리에서/ 꿈속을 헤매는 사람들이여// 창문을 활짝 열어/ 어둠의 장막을 걷어내고// 떠오르는 태양을/ 맞이하면 아니 되겠니
>
> —「동이 튼다」 전문

우리나라에서는 새해 해돋이 마중을 많이 하는데, 해가 제일 먼저 뜨는 곳으로 유명한 동해 정동진까지 많이들 간다.

이 작품은 송인관 시인이 새해 해맞이하러 관악산에 올라 해맞이를 한 시편이다. 운무에 갇혀버린 태양을 보면서 시인은 무엇을 소원으로 빌었을까? 궁금하다. 진실된 마음으로 다른 사람들의 마음을 빌어주는 사람의 말은 꾸밈이 없을 뿐만 아니라 자기 자신의 일에도 신이 복을 내려주신다고 했다. 그래서 시인 자신이 관악산에서 해맞이를 하지만 산이나 들에 나와서 해맞이를 못하는 사람들에게도 시인은 떠오르는 태양을 맞이했으면 하는 진실된 마음 쓰는 것을 보면서 진실한 시인의 마음을 헤아릴 수 있을 것 같다.

겨울이 돌아오면/ 동면의 세계로 들어가// 단꿈을 꾸고 있는/ 개구리와 뱀이여// 너희들은/ 돌아오는 봄을 향해// 땅속에서/ 깊은 동면을 하고 있구나// 만물의/ 영장이라고 하는 우리네 인간들// 너희들보다/ 욕심이 많아서일까// 파도가 몰아치는/ 거친 세파 속에서// 칼날 같은/ 한파를 가슴에 안고// 오늘도 먹이를 찾아/ 거친 광야를 헤매고 있구나

—「과욕」 전문

제목 그대로 '과욕'에 대한 작품이다. 우리 인간들은 쉴 새 없이 계절별로 계속 생활을 위해 일을 하고 있지만 개구리와 뱀, 또는 곰 같은 동물들은 봄이 올 동안 땅속 깊숙이 동면을 청하면서 삶을 영위한다. 우리 인간들은 만물의 영장이라고 하면서도 세파가 몰아치는 거친 삶 속에서 칼날 같은 한파를 가슴에 안고 삶의 허기를 메꾸려 한없이 삶의 현장을 돌아다녀야 한다. 이것은 아마도 만물의 영장이라 하면서도 욕심에서 비롯된 것이 아닌가? 시인은 그렇게 생각하고 이 작품을 쓴 것 같다.

흰색의/ 꽃눈이 붓을 닮아// 목필이라고/ 부르는 꽃봉우리여// 너의 모습은/ 북쪽을 바라보고 있어/ 북향화라고 부르는데// 너의 모습이/ 청아하면서도// 새색시 모양/ 정말 아름답구나

—「목련꽃 예찬」 일부

시인이 봄에 목련꽃을 좋아해서 부르는 이름들이 퍽 재미가 있다. 목련나무가 약간은 검은색을 띠고 있어서 목련은 흰색이거나 자색을 띠고 있어 사람들의 눈에서, 마음에서 많은 사랑을 받고 있으며 흰 목련 꽃봉우리가 검은 가지에 앉아 있으면 마치 학들이 진을 치고 앉아 있는 것으로 보인다고 하는 사람도 있다.

송인관 시인은 「목련꽃 예찬」에서 흰 목련꽃이 붓을 닮았다고 해서 목필이라고도 부르며, 북쪽을 바라보고 있다고 해서 북향화라고도 하며, 또한 청아하면서 새색시 같아서 새색시로 불린다고 그의 연륜에 어울리게 다양한 목련꽃의 이름을 시적으로 잘 표현하고 있다.

삽과 아버지는/ 실과 바늘과 같아// 떼어 놓을 수 없는/ 빛과 그림자// 비가/ 올 때 삽을 들고/ 논둑을 걸어가는// 아버지의 모습은/ 장군같이 늠름하다// 비가/ 내린 후 삽을 들고// 밭고랑을 파는 아버지는/ 금맥을 파는 광부와 같다// 삽은/ 밭을 일궈// 자손들을 튼실하게 키워/ 넓은 세상으로 내보내고// 무엇이든지 일궈내는/ 도깨비 방망이다// 아버지가 떠난 요즘에는/ 삽은 애물단지가 되어// 빈 창고 속에서/ 붉은 눈물만 흘리고 있네

—「삽과 아버지」 전문

작품 「삽과 아버지」는 삽을 통해서 아버지를 생각하는 시편이다. 아버지는 농사를 지어서 삽을 들고 논둑을 걸어가면 늠름한 장군이다. 삽으로 밭을 일궈 자손들을 잘 키워서 세상으로 내보내는 도깨비방망이다. 이제 아버지

가 떠난 요즘 세상, 삽은 창고 안에서 붉은 눈물을 흘리고 있다고 했다. 이 말의 뉘앙스는 시인 자신이 아버지를 그리워하는 마음을 삽에 감정이입(感情移入)을 시킨 것으로 들린다.

> 그동안/ 내가 태어난/ 과창 마을을 잊어버리고// 나만을/ 위하여 살다 보니/ 어느 사이 팔십이 되었네// 이제는 남은 생/ 마을에서 자라고 있는// 풀 한 포기 돌멩이/ 하나라도/ 아끼고 사랑하면서// 고운 사람 미운 사람/ 다 품에 안고// 무슨 일이 있더라도/ 베풀면서 살아가리라
>
> —「소망」 전문

수구초심(首丘初心)란 말이 있다. 사람도 나이가 들어서 자기 자신을 정리할 시기가 되면 자연 자기가 살던 고향 생각이 나고 고향에 가서 마지막 마감을 잘 하고 싶어 하는 것이 인생인 것 같다. 송인관 시인은 작품 「소망」을 통해서 고향에 다소 무관심했던 자신을 되돌아보며 다하지 못한 일들을 마무리 짓고 고향의 모든 것들을 아끼고 사랑하며 사람들을 만나고 어떤 일이라도 남에게 베풀며 봉사하면서 살아갈 것을 시인은 노래하고 있다.

> 남은 생 당신을 위해서라면/ 아름다운 꽃이 되어 드리리라// 소낙비가 내리면 우산이 되어 주고/ 파도를 만나면 등대가 되어 주고// 당신만을 가슴에 안고/ 남은 생 살아가리라// 요즘은 눈도 침침하고/ 이도 아프

고 무릎마저 아프네요// 살아가는 동안 혹시 잘못된/ 일이 있더라도// 자비로운 마음으로/ 눈감아 주시면 아니 되겠는지요

—「아내에게 바치는 글」 전문

사람들은 젊은 시절에는 삶과 일에 찌들어 많은 일들로 인해 시간이 없다는 핑계로 가정을 돌볼 시간을 놓치게 된다. 이제 시간이 흘러서 백수가 된 뒤에 가만히 생각해보면 많은 것들을 놓치고 있음을 알게 된다. 송인관 시인은 「아내에게 바치는 글」을 통해서 아내에게 잘못을 비는 마음으로 지금부터라도 마음을 쏟아서 사랑하고 관심을 갖게 되는 것을 볼 수 있다. 아름다운 일이다.

어머니는 자식을 위해/ 소라 껍데기가 되어// 우리를 토닥이며 살아가시다가/ 순리를 벗어난 자식들이 있으면// 노도와/ 같은 태풍을 앞세워// 회초리를 들고/ 쓰나미같이 울부짖는다

—「어머니」 일부

송인관 시인의 시 「어머니」 작품의 후반부이다. 어머니에 대한 단 한 편의 시이다. 자식들에 대한 가정교육이 엄중했음을 이 작품을 통해 알게 된다.

자식들은 어릴 때에는 부모님의 자식에 대한 교육이 너무 엄해서 어머니가 싫고 아버지가 어렵게 느껴지지만 나중에 자식을 낳아 길러 보면 그 부모님에 대한 애

착이 다시 더해지는 것을 새삼 깨닫게 된다. 그래서 그 부모를 닮아가는 아들이 자기 자식에 대한 가정교육을 따라하게 되는 것이다.

> 문을 잠그고/ 여닫는 열쇠// 모양도 가지가지/ 형태도 각양각색// 숫자를/ 눌러서 열기도 하고/ 카드로 열기도 하는데// 철옹성 같아서인지/ 빈부의 갈등 이념의 갈등// 동서화합 마음의 문만은/ 열고 닫지를 못하고 있네
>
> —「열쇠」 전문

시인은 작품 「열쇠」를 통해서 철옹성 같은 문을 열고 들어가지만 아직도 열리지 않는 문은 빈부의 갈등, 이념의 갈등, 동서화합의 마음의 갈등 등을 열고 닫지를 못하는 문들이 있음을 작품 속에서 말하고 있다. 이런 어려운 갈등은 빨리 해결해야 하며, 빠르면 빠를수록 좋으며 빠를수록 잘 해결되리라고 생각한다.

> 노을이 지는/ 저녁이 되면// 새들도/ 둥지를 찾고// 서산에 걸친 해님도/ 어둠 속으로 들어간다// 이것이/ 자연의 순리인데// 인간은/ 끝이 없는 허욕으로/ 길을 찾아 방황한다
>
> —「저녁노을」 전문

하루의 일과를 마치고 집으로 돌아가는 시간이 가장 즐거운 시간이다. 사람들도 마찬가지이지만 모든 날짐승, 길짐승도 마찬가지로 귀소(歸巢)하는 시간에는 조

용하다. 송인관 시인은 그것이 자연의 순리라고 했다. 그러나 우리 인간들은 오히려 밤이 되면 더 설쳐대는 것을 볼 수 있다. 이것을 인간의 방황이라는 이름으로 시인은 언급하고 있다.

> 아들아/ 그동안 가정을 소홀히/ 생각하며 살아왔다면/ 늙어서/ 두고두고 후회하기 전에// 마음을 다잡으며/ 남은 세월/ 가정과 처자식을 위해/ 잘 마무리하기를 바란다
>
> —「아들에게」 일부

이제 송인관 시인은 아들에게 부탁할 말을 당부하면서 세상 살아가는 보법(步法)을 익혀줄 것으로 본다. 그것은 어쩌면 자기 자신이 가정에 소홀(疏忽)한 것을 아들에게는 그런 소홀함이 없도록 미리 당부하는 마음이 아닌가 생각된다.

시인의 나이가 팔십이면 아들도 많은 세월을 보낸 것으로 느껴지지만 부모는 자식의 나이가 아무리 많아도 어리게 보일 뿐이다. 그러기 때문에 항상 조심시키고 안부를 물어보고 안전운전을 하도록 항상 조심시키는 법이다.

> 國 자를/ 들여다보면/ 나라가 전쟁이 일어나/ 위급할 때에는// 백성들은/ 모두 창을 들고/ 국가를 위해 싸우는 모습이/ 그 속에 숨어 있는 것이 보이네
>
> —「國」 전문

송인관 시인이 매우 세심한 성격을 지닌 분임을 알 수 있는 작품이다. 원래 시인은 꼼꼼한 성격에 자상한 마음을 지니고 세심한 눈을 가져야 좋은 작품도 쓰고 자신도 뒤돌아볼 줄도 알며 남도 생각할 수 있는 마음의 소유자가 되는 것이다.

나라 국(國) 자는 창(戈)을 든 사람이 경계(口) 안의 땅(一)을 지킨다는 뜻을 나타내는 회의(會意)문자다. 시인은 이런 글자에도 매우 관심을 갖고 작품을 쓰고 있음을 볼 수 있다. 「宭」도 마찬가지이다. 한자 군(宭)에는 '여럿이 모여 살다' 라는 뜻이 있어 임금이 있고 그 아래로는 많은 사람들이 모여서 여럿이 산다는 뜻이 된다.

이상에서 송인관 시인의 작품 102편을 자세하게 읽어 보았다.

시(詩)를 읽고 대하는 눈이란 여러 방법적인 면을 찾아볼 수 있으나 항시 자기 자신이 읽은 시는 '내 것' 이라고 생각하면서 읽어야만 얻는 것도 많으며 느끼는 것도 많게 되는 것이다.

T.S 엘리어트는 "어려운 시가 아니면 읽을 맛이 나지 않는다."라고 하였지만 대하는 시가 어렵든 쉽든 간에 독자들 나름대로 생각하고 또한 느끼는 점들이 있을 것이며 그것이 바로 그 시의 작자가 누구이든 자신의 것이 되는 것이라고 생각한다. 그러나 그 수용상태는 그 시의 수용자 개개인의 시에 대한 수준적 차이에 따라 시적 수용내용은 상이할 것이다.[3)]

---

3) 박영교, 『시와 독자 사이』(도서출판 청솔, 2001) p.195

송인관 시인의 작품은 쉽게 잘 읽혀지면서 직설적으로 표출함으로써 독자들의 마음을 시원스럽게 만들어주고 있다. 아버지에 대한 그리움, 어머니의 가정교육에 대한 엄중한 모습, 아내에 대한 사랑과 미안함의 표출, 아들에 대한 당부의 시가 골고루 표현되어 있어서 좋다. 그러나 조금은 우회적으로 표현하는 작품도 있어야 할 것이라고 생각한다.

시는 언제나 그냥 그렇게 흘러가는 것이 아니고 시대와 계절과 시간에 따라 독자들의 입맛이 달라져 가는 것도 잊지 말아야 한다. 독자들의 구미에 맞춰서 글을 쓰라는 말은 아니다. 다만 시대의 흐름을 알고 그 흐름에 맞게 글을 써야 한다는 것이다. 독자가 없는 시를 생각할 수 없으며 시가 없는 독자는 있을 수 없기 때문이다.

앞으로 더욱 좋은 작품을 써서 우리나라 시의 세계를 이끌어갈 수 있는 큰 시인이 되시기를 기원하는 바이다.

문학세계대표작가선 823

저녁노을

송인관 제2시집

인쇄 1판 1쇄 2017년 9월 21일
발행 1판 1쇄 2017년 9월 28일

지 은 이 : 송인관
펴 낸 이 : 김천우
펴 낸 곳 : 도서출판 천우
등 록 : 1992. 2. 15. 제1-1307호
주 소 : 서울시 성동구 무학봉28길 6 금용빌딩 2F
전 화 : 02)2298-7661
팩 스 : 02)2298-7665
http://moonhak.wla.or.kr
E-mail : chunwo@hanmail.net

값 10,000원

ISBN 978-89-7954-684-2

이 도서의 국립중앙도서관 출판예정도서목록(CIP)은 서지정보유통지원시스템 홈페이지(http://seoji.nl.go.kr)와 국가자료공동목록시스템(http://www.nl.go.kr/kolisnet)에서 이용하실 수 있습니다. (CIP제어번호: CIP2017022991)